Do Conceito à Execução: A Jornada do Empreendedorismo

O guia essencial para gestores e empresários transformarem ideias em resultados sólidos

"Eu não falhei. Apenas descobri 10 mil maneiras que não funcionam."
Thomas Edison

SETEMBRO DE 2024

Dedico este meu primeiro livro à minha mãe, "meu fio de seda no labirinto"; à minha esposa, parceira de todos os momentos e para toda a vida; e à minha fiel companheira de quatro patas, Lika, cuja presença sempre trouxe conforto e alegria.

Índice

Apresentação do e-book   6

1. Introdução: empreendedorismo e plano de negócios   7

1.1 Empreendedorismo: conceito e importância
1.2 Características dos empreendedores de sucesso
1.3 O plano de negócios: um roteiro para o sucesso

2. Desenvolvimento da ideia de negócio   11

2.1 Identificação de oportunidades
2.2 Modelo de negócio
2.3 Estudos de caso: exemplos de sucesso
2.4 Considerações finais

3. Planejamento estratégico   16

3.1 Definição de missão, visão e valores
3.2 Objetivos e metas SMART
3.3 Estudos de caso: Natura e Google
3.4 Considerações finais

4. Análise de mercado e segmentação de clientes   22

4.1 Pesquisa de mercado
4.2 Segmentação de clientes
4.3 Estudos de caso: Nubank e Magazine Luiza
4.4 Considerações finais

5. Criação de um plano de marketing eficaz   26

5.1 Posicionamento de mercado
5.2 Estratégias de preço
5.3 Comunicação e promoção
5.4 Marketing digital
5.5 Estudos de caso: Nubank e Havaianas
5.6 Considerações finais

6. Estruturação do plano financeiro e gestão de recursos   30

6.1 Projeções de vendas e fluxo de caixa
6.2 Análise do ponto de equilíbrio
6.3 Conceitos financeiros essenciais
6.4 Elaboração de orçamentos
6.5 Ferramentas de software para gestão financeira
6.6 Estudos de caso: Beleza Natural e Localiza
6.7 Considerações finais

7. Otimização de operações e logística — 38

7.1 Processos operacionais
7.2 Gestão de fornecedores
7.3 Ferramentas de gestão de operações e logística
7.4 Estudos de caso: Ambev e Magazine Luiza
7.5 Considerações finais

8. Gestão de riscos e análise de cenários — 42

8.1 Identificação de riscos
8.2 Avaliação de riscos
8.3 Mitigação de riscos
8.4 Monitoramento e revisão
8.5 Análise de cenários
8.6 Estudos de caso: Natura e 99
8.7 Considerações finais

9. Indicadores de performance e controle de resultados — 47

9.1 Definição de KPIs
9.2 Iteração e melhoria contínua
9.3 Monitoramento de KPIs e ferramentas de gestão
9.4 Estudos de caso: Magazine Luiza e Natura
9.5 Considerações finais

10. Considerações finais e próximos passos — 51

10.1 Revisão contínua do plano de negócios
10.2 Execução e acompanhamento
10.3 Próximos passos
10.4 Considerações finais

Encerramento e reflexões: a jornada do empreendedorismo — 54

Referências bibliográficas — 56

Apresentação do e-book

Seja bem-vindo ao "Do Conceito à Execução: A Jornada do Empreendedorismo". Este e-book foi criado para ser o seu **aliado estratégico**, oferecendo um conteúdo prático e completo, ideal tanto para **gestores** quanto para **empreendedores** que estão prontos para transformar **ideias inovadoras** em **negócios de sucesso**. Este material vai além de um simples plano de negócios — ele abrange toda a **jornada empreendedora**, explorando cada etapa com profundidade, desde o desenvolvimento da **visão estratégica** até a **execução operacional**, passando por **gestão financeira, análise de mercado,** e **otimização de processos**.

Objetivos e benefícios para o leitor

O principal objetivo deste e-book é fornecer a você as ferramentas e o conhecimento necessários para criar e gerir um empreendimento **sólido** e **competitivo**. Aqui, você terá acesso a **insights práticos**, **técnicas de mercado** e **estudos de caso** que permitirão que você **estruture** suas ideias e as coloque em prática de forma eficiente. Mais do que um guia teórico, este e-book é um **manual de execução**, projetado para ajudá-lo a **planejar**, **implementar** e **melhorar continuamente** suas estratégias, levando sua empresa ao **crescimento sustentável**.

Como usar este e-book

Organizado de forma **sequencial** e **lógica**, este e-book aborda os principais aspectos da **gestão empresarial**, combinando **conceitos teóricos** com **atividades práticas** e **estudos de caso** que você poderá aplicar diretamente no seu negócio. Cada capítulo foi pensado para guiá-lo de forma **prática** e **objetiva**, garantindo que você possa **implementar as soluções** que melhor se adaptam ao seu contexto.

Embora a leitura sequencial ofereça uma visão abrangente, você pode escolher os capítulos mais relevantes para suas **necessidades atuais** e desafios específicos. Este e-book foi desenvolvido para ser **flexível** e **adaptável**, tanto para quem está iniciando sua **trajetória empreendedora**, quanto para **gestores experientes** que buscam **otimizar** seus **processos** e potencializar seus **resultados**.

Capítulo 1: empreendedorismo e plano de negócios

1.1 Empreendedorismo: conceito e importância

O empreendedorismo desempenha um papel fundamental na criação, desenvolvimento e gestão de novos negócios. Segundo **Dornelas (2018)**, o empreendedor é aquele que transforma ideias em oportunidades, enfrentando desafios e buscando soluções inovadoras para atender demandas de mercado. Esta força motriz impulsiona o desenvolvimento de pequenas empresas que oferecem produtos e serviços inovadores, contribuindo para a economia e a geração de empregos.

Empreender, no entanto, envolve riscos calculados e exige planejamento. Para transformar uma boa ideia em um negócio de sucesso, é necessário mais do que inovação e dedicação: é preciso um plano estruturado. **Mintzberg (2003)** argumenta que, sem planejamento estratégico, uma ideia inovadora pode não ser suficiente para garantir a sustentabilidade do negócio a longo prazo.

1.2 Características dos empreendedores de sucesso

Empreendedores bem-sucedidos compartilham uma série de características essenciais, como visão clara, resiliência e adaptabilidade. Essas qualidades são indispensáveis para enfrentar os desafios e incertezas inerentes ao ambiente empresarial. **Drucker (2008)** ressalta que o empreendedor deve ser capaz de visualizar o futuro do negócio e trabalhar continuamente para transformar essa visão em realidade.

Além disso, a capacidade de inovar e liderar equipes de maneira eficaz é crucial. A inovação não apenas em produtos, mas também em processos e modelos de negócios, permite ao empreendedor se destacar em um mercado competitivo. **Schumpeter (1997)** observa que a inovação é o motor do desenvolvimento econômico, sendo o principal diferencial entre empresas que prosperam e aquelas que estagnam.

Riscos calculados e adaptabilidade

Um dos principais desafios enfrentados pelos empreendedores é lidar com os riscos. Ao contrário do senso comum, o empreendedor de sucesso não assume riscos desnecessários; ele os calcula. Conforme **Knight (2015)**, a diferenciação entre um risco calculado e uma aposta imprudente está na capacidade de coletar informações, analisar cenários e tomar decisões baseadas em dados.

Além disso, a adaptabilidade é uma qualidade indispensável no cenário econômico atual. Empresas que conseguem ajustar rapidamente suas estratégias às mudanças de mercado têm maior probabilidade de sobreviver e crescer. Segundo **Jim Collins (2001)**, a adaptabilidade é um fator chave que diferencia empresas duradouras de concorrentes que não conseguem evoluir.

1.3 O plano de negócios: um roteiro para o sucesso

Desenvolver um **plano de negócios** detalhado é crucial para transformar a visão empreendedora em realidade. Este documento serve como um mapa estratégico que orienta o empreendedor na definição de objetivos, estratégias, análise de mercado e finanças. De acordo com **Osterwalder e Pigneur (2010)**, um plano de negócios bem estruturado é essencial para guiar o crescimento da empresa e atrair investidores.

O plano de negócios não é apenas um guia para o empreendedor, mas também uma ferramenta indispensável para alinhar equipes e apresentar o negócio a potenciais investidores ou parceiros. Como destaca **Hisrich et al. (2014)**, ele oferece uma visão clara das metas da empresa, das estratégias para alcançá-las e dos riscos envolvidos.

Elementos fundamentais de um plano de negócios

Um plano de negócios completo deve incluir os seguintes elementos:

- **Sumário executivo**: uma visão geral do negócio, com uma breve descrição do produto ou serviço, missão, visão e objetivos principais.

- **Descrição da empresa**: informações sobre a história da empresa, estrutura legal e organizacional.

- **Análise de mercado**: avaliação detalhada do mercado-alvo, concorrência, tendências do setor e oportunidades de crescimento.

- **Organização e gestão**: descrição da estrutura organizacional, com responsabilidades claras de cada membro da equipe.

- **Produtos ou serviços**: descrição detalhada dos produtos ou serviços oferecidos e suas vantagens competitivas.

- **Plano de marketing e vendas**: estratégias de marketing, canais de distribuição e planos para promoção e vendas.

- **Plano financeiro**: projeções financeiras, incluindo orçamento inicial, fluxo de caixa e análise de viabilidade.

Segundo **Dornelas (2018)**, esses componentes são vitais para garantir que todas as áreas do negócio sejam devidamente planejadas, monitoradas e ajustadas conforme necessário, proporcionando uma base sólida para a tomada de decisões estratégicas.

Capítulo 2: desenvolvimento da ideia de negócio

2

Desenvolver uma ideia de negócio sólida é o primeiro passo crucial para qualquer empreendedor. Este processo envolve não apenas identificar uma oportunidade de mercado, mas também definir como o negócio funcionará e como se destacará no setor. A criação de um modelo de negócio robusto é fundamental para garantir que a empresa tenha uma estratégia clara e uma proposta de valor diferenciada.

2.1 Identificação de oportunidades

Identificar oportunidades de mercado é o alicerce para transformar uma ideia em um negócio de sucesso. **Kotler (2017)** sugere que o processo de identificação de oportunidades deve começar com uma análise detalhada do mercado, que inclui o levantamento de necessidades e desejos dos consumidores, o estudo de tendências emergentes e a avaliação de lacunas no mercado.

Para tanto, ferramentas como o **Google Trends**, pesquisas de campo e análises de concorrentes podem oferecer insights valiosos. O uso do brainstorming é uma técnica eficaz para a geração de ideias sem julgamento inicial. Posteriormente, essas ideias podem ser refinadas e avaliadas quanto à viabilidade e potencial de mercado.

Análise SWOT

A análise SWOT (Strengths, Weaknesses, Opportunities, Threats) é uma ferramenta estratégica amplamente utilizada para identificar os pontos fortes, fracos, oportunidades e ameaças relacionadas ao negócio. Porter (1980) afirma que a análise SWOT é fundamental para que as empresas consigam formular estratégias que alavanquem suas forças e aproveitem as oportunidades, enquanto mitigam riscos.

Elementos da análise SWOT:

- **Forças**: são as vantagens internas que a empresa tem sobre os concorrentes. Exemplo: equipe qualificada, know-how técnico.

- **Fraquezas**: aspectos internos que limitam o sucesso do negócio. Exemplo: falta de experiência de mercado.

- **Oportunidades**: fatores externos que a empresa pode explorar para crescer. Exemplo: expansão do mercado digital.

- **Ameaças**: fatores externos que podem prejudicar o desempenho da empresa. Exemplo: novas regulamentações governamentais que impactam o setor.

2.2 Modelo de negócio

Após identificar uma oportunidade, é essencial desenvolver um modelo de negócio robusto que garanta uma visão clara de como a empresa funcionará. O Business Model Canvas, criado por Osterwalder e Pigneur (2010), é uma ferramenta poderosa para visualizar e estruturar todos os aspectos essenciais de um negócio. Ele permite que o empreendedor tenha uma visão completa de como os diferentes elementos do negócio se conectam e interagem.

Blocos do Business Model Canvas

O Business Model Canvas é composto por nove blocos principais:

- **Segmentos de clientes**: define os diferentes grupos de pessoas ou empresas que a empresa busca atingir. Exemplo: jovens profissionais em busca de desenvolvimento de carreira.

- **Proposta de valor**: descreve a razão pela qual os clientes escolhem a empresa. Exemplo: serviços personalizados e de alta qualidade.

- **Canais**: refere-se à forma como os produtos ou serviços chegarão ao cliente. Exemplo: vendas online.

- **Relacionamento com clientes**: define como a empresa interage com seus clientes. Exemplo: suporte técnico 24/7.

- **Fluxos de receita**: identifica como a empresa gera receita. Exemplo: assinaturas mensais.

- **Recursos principais**: são os ativos necessários para entregar a proposta de valor. Exemplo: equipe qualificada.

- **Atividades-chave**: as ações mais importantes para que o modelo de negócios funcione. Exemplo: marketing digital.

- **Parcerias principais**: são as alianças estratégicas que ajudam a empresa a operar. Exemplo: fornecedores de tecnologia.

- **Estrutura de custos**: define os custos envolvidos na operação do negócio. Exemplo: salários, marketing.

2.3 Estudos de caso: exemplos fictícios de sucesso

Food Truck Gourmet

Pedro, um chef talentoso, identificou uma demanda crescente por comida gourmet em eventos e festivais. Utilizando pesquisas de mercado, ele definiu seu público-alvo como jovens adultos que frequentam eventos ao ar livre. Sua proposta de valor era oferecer pratos gourmet de alta qualidade a preços acessíveis. Ao estruturar seu modelo de negócios com o Business Model Canvas, Pedro conseguiu definir claramente suas atividades-chave, como a gestão de parcerias com fornecedores locais.

A análise SWOT revelou que suas forças incluíam habilidades culinárias excepcionais, enquanto sua fraqueza era a falta de experiência em gestão de negócios. Ele aproveitou a oportunidade da popularidade crescente de food trucks e mitigou as ameaças da concorrência ao desenvolver um forte relacionamento com seus clientes.

Plataforma de e-learning

Ana, uma professora experiente em ensino online, identificou uma oportunidade no mercado de e-learning para cursos especializados em habilidades técnicas. Usando o Business Model Canvas, ela segmentou seu público-alvo como profissionais em busca de desenvolvimento de carreira. Sua proposta de valor era oferecer cursos com certificação, utilizando uma plataforma online. Ana focou em parcerias com empresas de tecnologia para assegurar que a plataforma oferecesse a melhor experiência ao usuário.

A análise SWOT indicou que seu ponto forte era o profundo conhecimento em ensino online, mas também revelou uma fraqueza na área de marketing digital. Ana mitigou esse risco ao contratar uma agência especializada em marketing digital para promover sua plataforma.

2.4 Considerações finais

Identificar oportunidades de mercado e desenvolver um modelo de negócio eficaz são passos essenciais para garantir o sucesso de um empreendimento. O uso de ferramentas como o Business Model Canvas e a análise SWOT ajuda a estruturar e refinar as ideias de negócio, aumentando as chances de sucesso no mercado. Com essas ferramentas, o empreendedor estará mais bem preparado para enfrentar os desafios do mercado e aproveitar as oportunidades.

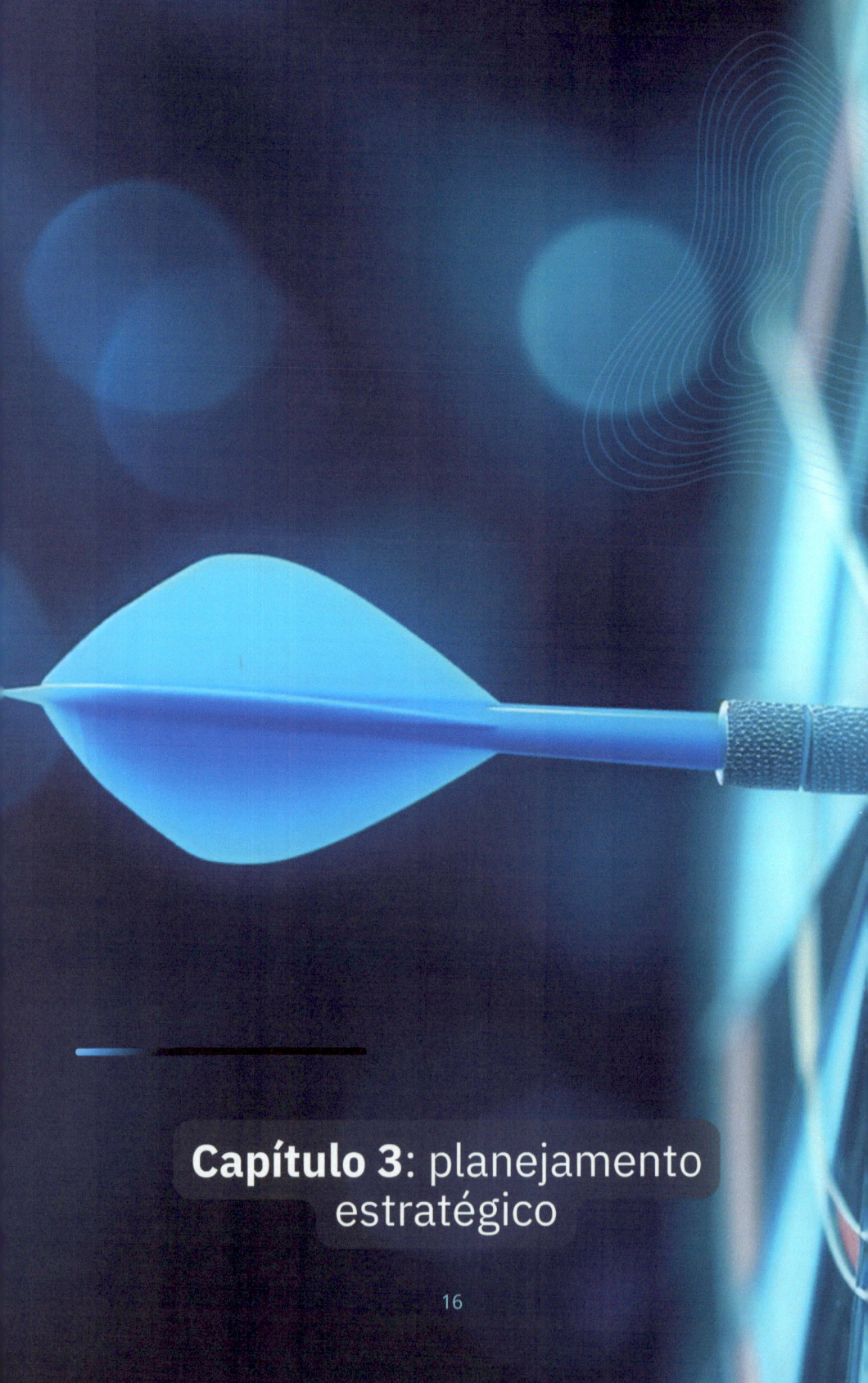

Capítulo 3: planejamento estratégico

O planejamento estratégico é um elemento central para o sucesso de qualquer negócio. Ele fornece a direção e os objetivos necessários para guiar as decisões e ações da empresa, assegurando que os recursos sejam utilizados de forma eficiente e alinhados com a visão de futuro. Segundo **Mintzberg (2003)**, o planejamento estratégico deve ser flexível e adaptável, permitindo ajustes conforme o ambiente competitivo e as demandas do mercado evoluem.

3.1 Definição de missão, visão e valores

As declarações de **missão**, **visão** e **valores** são essenciais para definir a identidade da empresa, inspirar seus colaboradores e orientar suas estratégias. Essas declarações funcionam como o "norte" que guia todas as ações e decisões organizacionais, conforme destaca **Collins (2001)**.

Missão

A missão descreve o propósito atual da empresa, ou seja, o que ela faz, para quem faz e por que existe. Ela é orientada para o presente e foca nas atividades e nos resultados que a empresa busca gerar diariamente. **Drucker (2008)** reforça que a missão deve ser clara e objetiva, transmitindo a essência da empresa tanto para colaboradores quanto para clientes.

Exemplo de missão: *"Facilitar a transformação digital dos nossos clientes por meio de tecnologia de ponta."*

Visão

A visão projeta o futuro desejado da empresa, descrevendo o que a organização aspira se tornar a longo prazo. Ela serve como fonte de inspiração, motivando os colaboradores a trabalhar em direção a objetivos amplos e ambiciosos. **Kotler (2017)** argumenta que a visão deve ser desafiadora, mas realista, proporcionando uma orientação estratégica.

Exemplo de visão: *"Ser a empresa líder em soluções de TI no Brasil até 2030."*

Valores

Os valores representam os princípios e crenças fundamentais que guiam o comportamento da empresa, moldando sua cultura e influenciando as decisões estratégicas. Eles estabelecem os padrões éticos e morais seguidos pela organização, conforme discutido por **Osterwalder e Pigneur (2010)**.

Exemplo de valores: *Inovação, foco no cliente e excelência.*

3.2 Objetivos e metas SMART

A definição de **objetivos** e **metas** claras é crucial para que o planejamento estratégico seja eficaz. A metodologia SMART (Specific, Measurable, Achievable, Relevant, Time-bound) garante que cada meta seja bem formulada e viável. Segundo **Porter (1980)**, o uso de metas SMART permite que as empresas monitorem o progresso de maneira precisa e ajustem suas estratégias conforme necessário.

Metodologia SMART

- **S**: Específico (Specific): a meta deve ser clara e objetiva, definindo o que se pretende alcançar.

- **M**: Mensurável (Measurable): deve ser possível medir o progresso e o sucesso da meta.

- **A**: Alcançável (Achievable): a meta precisa ser realista, considerando os recursos e capacidades da empresa.

- **R**: Relevante (Relevant): a meta deve estar alinhada aos objetivos estratégicos da organização.

- **T**: Temporal (Time-bound): deve haver um prazo definido para alcançar a meta.

Exemplo de meta SMART: *"Aumentar a participação de mercado em 10% no setor de TI até dezembro de 2025, expandindo operações para três novos estados e estabelecendo parcerias estratégicas com empresas de tecnologia."*

3.3 Estudos de caso

A **Natura**, uma das maiores empresas de cosméticos do Brasil, é um exemplo notável de sucesso em planejamento estratégico com foco em sustentabilidade. Com sua missão de proporcionar o bem-estar e o bem-viver, a empresa consolidou sua posição como líder no mercado de cosméticos. O compromisso da Natura com a sustentabilidade e a inovação reflete-se em suas operações e estratégias globais, especialmente com a expansão internacional após a aquisição de empresas como The Body Shop e Avon. Isso fortalece sua visão de ser uma marca global de referência em inovação e sustentabilidade.

Missão: "Promover o bem-estar bem-viver, desenvolvendo negócios inovadores e sustentáveis."

Visão: "Ser uma marca global, referência em inovação e sustentabilidade."

Valores: Transparência, sustentabilidade, inovação e relacionamento ético.
A visão clara e ambiciosa da Natura, combinada com suas práticas consistentes de responsabilidade socioambiental, é um exemplo prático do que Jim Collins, em Good to Great (2001), destaca como essencial para o crescimento sustentável: a manutenção de um propósito duradouro.

Outro exemplo de sucesso estratégico é o **Google**, cuja missão de "organizar as informações do mundo e torná-las universalmente acessíveis e úteis" é amplamente conhecida. A visão de "fornecer acesso ao mundo inteiro em um clique" reflete seu objetivo de democratizar o acesso à informação. A cultura organizacional do Google é fortemente voltada para a inovação contínua, incentivando o desenvolvimento de novas ideias e produtos. Esse ambiente de inovação constante impulsiona a posição do Google como líder global no setor de tecnologia.

Missão: "Organizar as informações do mundo e torná-las universalmente acessíveis e úteis."

Visão: "Facilitar o acesso ao mundo em um clique" (não é uma formulação oficial, mas reflete o propósito da empresa de tornar a informação rapidamente acessível).

A abordagem estratégica do Google em incentivar a inovação contínua, mantendo sua missão e visão sempre à frente, exemplifica como empresas de tecnologia podem transformar o mundo com suas soluções.

Os **valores** do Google estão profundamente enraizados em sua cultura organizacional e refletem o compromisso com a inovação, a experiência do usuário e a responsabilidade social:

- **Foco no usuário**: o Google sempre prioriza o usuário final em suas decisões, com o princípio de que "o foco no usuário traz tudo o mais como consequência".

- **Inovação e excelência técnica**: a empresa valoriza uma cultura de inovação contínua e excelência técnica, incentivando soluções criativas e o uso de tecnologia avançada para resolver problemas complexos.

- **Acesso universal à informação**: um dos valores centrais do Google é tornar as informações do mundo acessíveis a todos, de forma democrática e eficiente.

- **Rapidez é importante**: a empresa acredita que o acesso rápido à informação melhora a experiência do usuário, por isso busca sempre melhorar a velocidade de seus serviços.

- **Iniciativas baseadas em dados**: decisões no Google são orientadas por dados, e a empresa prioriza a utilização de métricas para testar hipóteses e melhorar continuamente seus produtos.

- **Trabalho ético e responsabilidade corporativa**: o Google valoriza a responsabilidade social e ética, refletido em iniciativas voltadas para sustentabilidade, direitos humanos e boas práticas de governança.

- **Diversidade e inclusão**: a empresa promove um ambiente de trabalho diversificado e inclusivo, incentivando a participação de pessoas de diferentes origens e perspectivas.

Esses valores são a base da filosofia da empresa, conhecida como "Google's Ten Things", um conjunto de princípios que guiam suas ações desde o início.

3.4 Considerações finais

O planejamento estratégico é essencial para garantir o sucesso a longo prazo de uma empresa. Definir missão, visão e valores claros, e estabelecer objetivos e metas SMART são passos fundamentais para criar uma base sólida e sustentável. A empresa que adota essas práticas estará mais bem preparada para enfrentar os desafios do mercado e alcançar seus objetivos de crescimento.

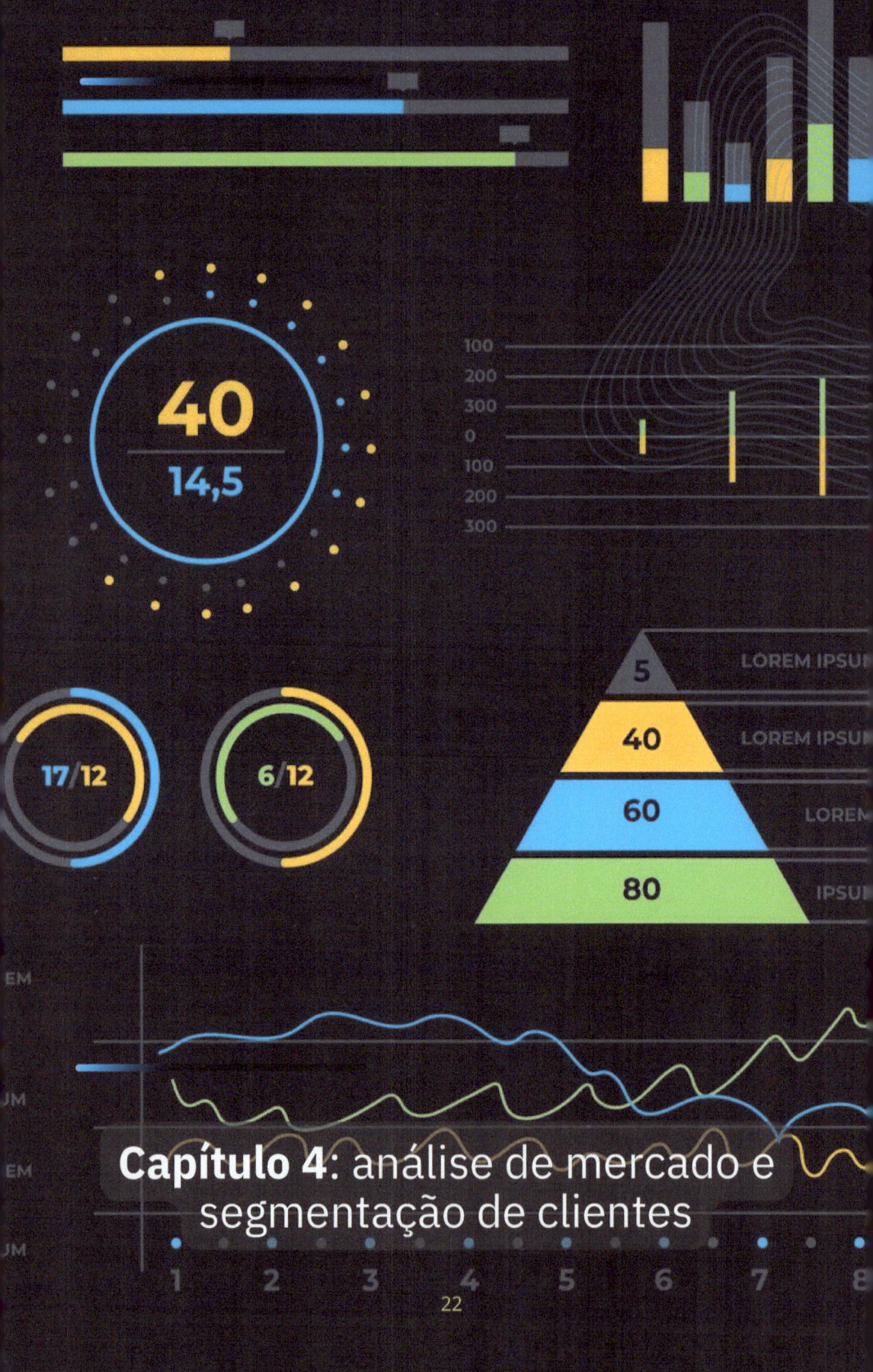

4

A análise de mercado é uma das etapas mais cruciais para o sucesso de qualquer negócio, pois permite que o empreendedor compreenda o ambiente em que a empresa irá operar. Ela fornece informações detalhadas sobre as oportunidades disponíveis, bem como os desafios que podem surgir, além de permitir uma avaliação profunda sobre a concorrência e as necessidades dos consumidores. Segundo Kotler (2017), a análise de mercado não só oferece insights valiosos para estratégias de marketing como também ajuda a identificar novos segmentos de clientes e a adaptar produtos ou serviços de forma mais eficaz.

4.1 Pesquisa de mercado

A pesquisa de mercado é o processo de coleta e análise de dados que permite à empresa entender melhor seu público-alvo e o contexto em que atua. Existem diferentes tipos de pesquisa de mercado, cada uma voltada para coletar dados específicos.

Tipos de pesquisa de mercado

- **Pesquisas quantitativas**: envolvem a coleta de dados numéricos, como em questionários e enquetes, que podem ser analisados estatisticamente para revelar padrões de comportamento dos consumidores. Ferramentas como Google Forms e SurveyMonkey são úteis para conduzir pesquisas quantitativas de forma eficaz.

- **Pesquisas qualitativas**: focam em dados mais subjetivos, como sentimentos, opiniões e motivações dos consumidores. Esses dados são coletados por meio de entrevistas, grupos focais e observações. Conforme destaca Malhotra (2015), pesquisas qualitativas ajudam a compreender em profundidade as motivações dos clientes e podem complementar os dados quantitativos.

- **Análise de dados secundários**: utiliza dados já existentes, como relatórios de mercado, estatísticas governamentais e estudos acadêmicos. Isso permite à empresa tomar decisões seguras sem a necessidade de conduzir novas pesquisas.

4.2 Segmentação de clientes

A segmentação de mercado envolve dividir o público em grupos que compartilham características semelhantes, permitindo que a empresa personalize suas estratégias para melhor atender às necessidades de cada segmento. Porter (1980) argumenta que a segmentação eficaz pode ser uma vantagem competitiva ao permitir que a empresa foque em nichos específicos com maior precisão.

Principais tipos de segmentação

- **Segmentação demográfica**: baseia-se em características como idade, gênero, renda e ocupação. Por exemplo, uma marca de produtos infantis pode segmentar seu público por idade e status familiar.

- **Segmentação geográfica**: usa a localização como critério, segmentando o público por regiões, cidades ou bairros. Um exemplo são empresas de moda que ajustam suas coleções conforme o clima local.

- **Segmentação psicográfica**: foca nos valores, estilo de vida e interesses dos consumidores. Marcas de luxo, por exemplo, costumam direcionar suas campanhas para clientes com estilo de vida premium.

- **Segmentação comportamental**: baseada nos hábitos de consumo, lealdade à marca ou sensibilidade a preços. Um exemplo clássico são empresas de serviços por assinatura que oferecem benefícios para clientes fiéis.

4.3 Estudos de caso

A **Nubank**, uma fintech brasileira de sucesso, utilizou extensivas pesquisas de mercado para entender as frustrações dos clientes com os bancos tradicionais. Através de entrevistas e enquetes, identificou-se a necessidade de serviços bancários mais transparentes e acessíveis. A empresa segmentou seu mercado com foco em jovens adultos adeptos de tecnologia e insatisfeitos com serviços bancários tradicionais, oferecendo produtos como cartões de crédito sem anuidade e uma interface digital intuitiva.

O **Magazine Luiza** utilizou pesquisas de mercado para entender melhor o comportamento de compra dos consumidores online. A empresa identificou dois segmentos principais: consumidores tradicionais que preferem lojas físicas e consumidores digitais que fazem suas compras pela internet. Ao desenvolver uma estratégia omnicanal, o Magazine Luiza integrou suas operações físicas e online, permitindo que os clientes experimentassem os produtos nas lojas e realizassem a compra online.

4.4 Considerações finais

A análise de mercado e a segmentação de clientes são fundamentais para qualquer empresa que busca sucesso a longo prazo. Ao utilizar pesquisas quantitativas, qualitativas e dados secundários, é possível compreender melhor o ambiente de mercado e identificar os segmentos de clientes mais promissores. Com essas informações, a empresa pode adaptar suas estratégias de marketing, tornando suas campanhas mais eficazes e garantindo que suas ofertas sejam atraentes para os diferentes grupos de consumidores.

Capítulo 5: criação de um plano de marketing eficaz

5

Um plano de marketing eficaz é essencial para promover produtos ou serviços, atrair clientes e alcançar os objetivos estratégicos de um negócio. Ele fornece diretrizes claras para as ações de marketing e ajuda a empresa a se posicionar no mercado, comunicar sua proposta de valor e engajar seu público-alvo de forma eficiente. **Kotler (2017)** destaca que um bom plano de marketing é aquele que combina estratégias de preço, comunicação e promoção com um sólido entendimento do posicionamento de mercado.

5.1 Posicionamento de mercado

O **posicionamento de mercado** define como o produto ou serviço será percebido pelos clientes em relação à concorrência. Para um posicionamento eficaz, é essencial comunicar o que torna a oferta única e valiosa. **Porter (1980)** argumenta que o posicionamento é uma das maiores vantagens competitivas de uma empresa, especialmente em mercados saturados.

Exemplo: *"A solução mais integrada e completa para gestão financeira."*

Para garantir um bom posicionamento, é importante focar nos benefícios que o produto oferece e nos problemas que ele resolve para o cliente. O uso de uma pesquisa de mercado bem estruturada pode fornecer insights sobre como ajustar o posicionamento de acordo com as expectativas do público-alvo.

5.2 Estratégias de preço

A definição de estratégias de preço deve refletir o valor percebido pelo cliente e estar alinhada com os objetivos financeiros da empresa. Estratégias de precificação podem influenciar diretamente a percepção de qualidade e acessibilidade do produto. **Kotler (2017)** sugere que as empresas considerem fatores como custos, concorrência e demanda ao estabelecer seus preços.

Exemplo: *"Oferecemos uma assinatura mensal com três níveis de serviço, cada um projetado para diferentes perfis de clientes."*

A flexibilidade nas estratégias de preço pode ajudar a capturar diferentes segmentos de mercado e garantir uma vantagem competitiva, especialmente quando ajustada conforme as mudanças no ambiente externo e no comportamento dos consumidores.

5.3 Comunicação e promoção

A **comunicação** e a **promoção** são os principais instrumentos para aumentar o reconhecimento da marca e atrair novos clientes. Uma estratégia de comunicação bem planejada envolve a escolha de canais apropriados para alcançar o público-alvo de maneira eficaz. **Kotler e Keller (2012)** defendem que a promoção deve ser contínua e ajustada conforme as interações do público com a marca.

Ferramentas de comunicação incluem:

- **Redes sociais**: utilização de plataformas como Instagram, Facebook e LinkedIn para promover a marca e interagir com o público.

- **Marketing de conteúdo**: criação de conteúdo relevante para educar e atrair clientes, como blogs, vídeos e infográficos.

- **Anúncios pagos**: investimento em publicidade online através de ferramentas como Google Ads e Facebook Ads para aumentar o alcance.

Exemplo: *"A empresa promove webinars mensais e participa de feiras de negócios para aumentar a visibilidade."*

5.4 Marketing digital

O **marketing digital** tornou-se uma das ferramentas mais poderosas para engajar e expandir a base de clientes. Através de estratégias digitais como **SEO** (Search Engine Optimization), **marketing de conteúdo** e **e-mail marketing**, as empresas podem alcançar seu público-alvo de maneira eficaz e monitorar resultados em tempo real. **Chaffey e Smith (2017)** observam que o marketing digital não apenas aumenta a visibilidade da marca, mas também oferece uma maneira econômica de segmentar diferentes perfis de clientes.

SEO e redes sociais

O SEO é uma técnica usada para melhorar a visibilidade do site da empresa em mecanismos de busca, como o Google. Isso é feito através da otimização de palavras-chave, criação de conteúdo relevante e uso adequado de links internos e externos.

Além disso, as **redes sociais** são plataformas essenciais para construir uma presença de marca sólida e engajar o público-alvo.

Exemplo: *"A empresa usa SEO para ranquear melhor nos motores de busca e redes sociais como Facebook e Instagram para interagir diretamente com o público."*

5.5 Estudos de caso

O **Nubank** é um exemplo de sucesso em marketing digital. A fintech brasileira investe fortemente em marketing de conteúdo e campanhas de redes sociais. A empresa educa seus clientes sobre serviços financeiros por meio de vídeos, blogs e infográficos, garantindo que seus produtos sejam acessíveis e fáceis de entender. Além disso, o Nubank se posiciona como uma alternativa moderna e transparente aos bancos tradicionais, refletindo uma imagem de simplicidade e inovação em seu branding.

A marca **Havaianas** utiliza uma estratégia de marketing baseada no branding vibrante e na promoção de suas sandálias como ícones de estilo de vida descontraído. A marca usa colaborações e edições limitadas para manter o interesse contínuo, além de campanhas publicitárias nas redes sociais que incentivam os consumidores a compartilhar suas experiências usando a hashtag da marca.

5.6 Considerações finais

Um plano de marketing eficaz envolve uma análise cuidadosa de posicionamento, estratégias de preço, comunicação e uso de ferramentas digitais. Combinando esses elementos, a empresa pode se destacar no mercado e atingir seu público-alvo de maneira mais eficaz. Estudos de caso como Nubank e Havaianas demonstram a importância de adaptar as estratégias de marketing de acordo com o comportamento do consumidor e as tendências de mercado.

Capítulo 6: estruturação do plano financeiro e gestão de recursos

O plano financeiro é um dos pilares fundamentais do planejamento empresarial. Ele permite que empreendedores compreendam a viabilidade econômica de suas operações e tomem decisões seguras. Além disso, um plano financeiro bem elaborado oferece uma visão detalhada de como a empresa gerenciará suas receitas, custos e fluxo de caixa, garantindo sustentabilidade financeira e crescimento a longo prazo. Conforme destaca **Drucker (2008)**, *"o planejamento financeiro não é apenas sobre números, mas sobre a construção de uma base sólida para o futuro do negócio"*.

6.1 Projeções de vendas e fluxo de caixa

Uma **previsão de vendas** bem elaborada e um **plano de fluxo de caixa** robusto são essenciais para garantir a liquidez e a saúde financeira da empresa. A previsão de vendas fornece estimativas de receitas futuras com base em tendências de mercado e estratégias de marketing, enquanto o fluxo de caixa permite que o empreendedor monitore a movimentação de dinheiro, assegurando que haja recursos suficientes para cobrir despesas operacionais.

Exemplo de projeção de vendas

"Estimativa de crescimento de vendas de 15% ao ano, com base em tendências de mercado e estratégias de marketing".

Exemplo de fluxo de caixa

"Previsão de atingir o ponto de equilíbrio com 200 assinaturas mensais no segundo semestre do ano fiscal".

O gerenciamento eficiente do fluxo de caixa permite que as empresas identifiquem períodos de alta e baixa de liquidez, ajustando seus planos de gastos e investimentos de acordo.

6.2 Análise do ponto de equilíbrio

A **análise do ponto de equilíbrio** é uma ferramenta financeira importante, pois identifica o volume mínimo de vendas necessário para cobrir todos os custos operacionais, sem gerar lucro nem prejuízo. De acordo com **Gitman e Zutter (2018)**, essa análise ajuda a empresa a definir metas realistas de vendas e a planejar melhor suas operações.

Exemplo de ponto de equilíbrio

"O ponto de equilíbrio será atingido com 200 assinaturas mensais de um serviço de software."

Ao realizar essa análise, a empresa pode definir estratégias para atingir o volume necessário de vendas, como o ajuste de preços ou a implementação de campanhas de marketing.

6.3 Conceitos financeiros essenciais

Antes de elaborar um plano financeiro detalhado, é fundamental entender alguns conceitos-chave:

- **Receita**: representa o total de dinheiro gerado pela empresa através da venda de seus produtos ou serviços. Ela é o ponto de partida para todas as análises financeiras, uma vez que reflete o volume das operações e a capacidade de geração de valor no mercado. A receita pode ser classificada como bruta (total sem deduções) ou líquida (descontados impostos, devoluções e descontos).

- **Custos**: são os gastos diretamente ligados à produção dos bens ou serviços oferecidos pela empresa. Os custos podem ser classificados em:

    - **Custos fixos**: aqueles que não variam com o volume de produção ou vendas, como aluguel de fábrica, seguros e salários de funcionários da produção.

    - **Custos variáveis**: aqueles que mudam de acordo com o nível de produção, como o custo das matérias-primas, insumos e energia elétrica utilizada na fabricação. Compreender esses custos ajuda a empresa a otimizar sua eficiência produtiva e a tomar decisões estratégicas.

- **Despesas**: são os gastos que não estão diretamente relacionados à produção, mas que são necessários para o funcionamento geral da empresa. Elas são divididas em:

  - **Despesas operacionais**: relacionadas às atividades administrativas, comerciais e financeiras, como salários administrativos, despesas com marketing, aluguel de escritórios e comissões de vendas.

  - **Despesas financeiras**: incluem os custos de financiamento, como juros sobre empréstimos, taxas bancárias e outras despesas ligadas à captação de recursos.

- **Lucro**: é a diferença entre a receita e o total de custos e despesas. Existem duas principais classificações de lucro:

  - **Lucro bruto**: obtido subtraindo os custos da receita total, sendo uma medida direta da eficiência produtiva.

  - **Lucro líquido**: calculado após a dedução de todas as despesas operacionais e financeiras. É o verdadeiro indicador de rentabilidade da empresa, pois reflete o que sobra após todos os gastos.

- **Margem de lucro**: representa a proporção do lucro em relação à receita, expressa em porcentagem. Existem dois tipos principais:

  - **Margem bruta**: calculada sobre o lucro bruto, mostra a capacidade da empresa de gerar lucro com suas operações principais.

  - **Margem líquida**: baseada no lucro líquido, mede a rentabilidade final do negócio, incluindo todas as despesas e impostos. Quanto maior a margem líquida, mais eficiente a empresa é em transformar receita em lucro.

- **Capital de giro**: refere-se ao capital necessário para manter as operações diárias da empresa, como pagamento de fornecedores, salários e outras despesas operacionais. É a diferença entre os ativos circulantes (dinheiro em caixa, contas a receber, estoques) e os passivos circulantes (contas a pagar e dívidas de curto prazo). A gestão eficiente do capital de giro é crucial para garantir que a empresa tenha liquidez suficiente para honrar suas obrigações no curto prazo e evitar problemas de fluxo de caixa.

- É essencial ser detalhista ao identificar todas as despesas, incluindo custos menos evidentes, como encargos financeiros, manutenções periódicas e despesas tributárias, para evitar surpresas durante a execução do orçamento.

- **Projeção de lucros**:

    - Após estimar receitas e calcular despesas, a projeção de lucros pode ser feita. Este é o ponto em que se subtraem as despesas totais das receitas estimadas, resultando no **lucro operacional projetado**. O objetivo aqui é não só determinar a lucratividade esperada, mas também identificar áreas onde os custos podem ser otimizados ou onde investimentos adicionais podem gerar melhores retornos.

    - Analisar diferentes cenários – como variações nas vendas ou custos imprevistos – ajuda a empresa a estar preparada para mudanças no ambiente de negócios.

- **Revisão e ajuste contínuos**:

    - O orçamento não deve ser visto como um documento estático. Revisões periódicas são essenciais para ajustá-lo às mudanças operacionais ou de mercado. Se, por exemplo, as vendas estiverem aquém do esperado ou os custos de insumos subirem inesperadamente, o orçamento precisa ser atualizado para refletir essas alterações.

    - Adotar uma abordagem **flexível e proativa** permite que a empresa faça ajustes antes que problemas financeiros se agravem, garantindo que as metas de lucro e eficiência sejam mantidas ou reajustadas de acordo com a nova realidade.

Em suma, a elaboração de um orçamento bem estruturado proporciona à empresa não apenas um planejamento financeiro robusto, mas também uma base sólida para a tomada de decisões estratégicas. Ele serve como uma bússola que orienta a gestão para um crescimento sustentável, sempre alinhado às metas financeiras e operacionais da organização.

6.5 Ferramentas de software para gestão financeira

O uso de ferramentas de software especializadas é essencial para otimizar e automatizar o processo de gestão financeira de uma empresa. Elas permitem maior agilidade na elaboração de orçamentos, projeções de fluxo de caixa e controle financeiro, além de proporcionar maior precisão e segurança nos dados.

A implementação dessas soluções reduz o risco de erros manuais, facilita o acompanhamento das finanças em tempo real e melhora a capacidade da empresa de tomar decisões e elaborar estratégias com maior confiabilidade.

A seguir, destacam-se algumas ferramentas amplamente recomendadas para diferentes perfis de negócios:

- **QuickBooks**:

    - Voltado principalmente para pequenas e médias empresas, o **QuickBooks** é uma ferramenta abrangente de gestão financeira que inclui funcionalidades de orçamento, faturamento, contas a pagar e receber, e previsão de fluxo de caixa.

    - Sua interface amigável permite aos usuários criar relatórios detalhados de desempenho financeiro, monitorar receitas e despesas, e integrar-se facilmente com contas bancárias. O QuickBooks também oferece recursos de automação que ajudam a simplificar tarefas rotineiras, como o envio de faturas e o rastreamento de pagamentos.

- **Xero**:

    - **Xero** é uma solução de contabilidade online projetada para ajudar empresas de diferentes tamanhos a gerenciar suas finanças de maneira eficaz e em tempo real. Ele se destaca pela capacidade de criar orçamentos detalhados, fazer o controle do fluxo de caixa e gerar relatórios financeiros de forma rápida e precisa.

    - O software oferece uma ampla gama de integrações com outras ferramentas de negócios e plataformas bancárias, além de permitir que múltiplos usuários acessem as informações financeiras de qualquer dispositivo conectado à internet, favorecendo a colaboração e o monitoramento contínuo.

- **Omie:**

    - O Omie é uma plataforma brasileira de ERP (Enterprise Resource Planning) que combina gestão financeira e contabilidade em uma solução única, sendo ideal para pequenas e médias empresas. Ele oferece funcionalidades de gestão de fluxo de caixa, controle de contas a pagar e a receber, emissão de notas fiscais eletrônicas, além de integrar todas as áreas da empresa, como vendas, compras e estoque, em um só lugar.
    - Com uma interface simples e intuitiva, o Omie facilita a automação de processos financeiros e a geração de relatórios detalhados, proporcionando uma visão completa e em tempo real da saúde financeira do negócio. Além disso, é uma ferramenta amplamente utilizada por contadores, permitindo uma integração eficiente entre empresas e escritórios de contabilidade.

- **Microsoft Excel:**

    - Embora não seja um software especializado em contabilidade, o **Excel** continua sendo uma ferramenta versátil e amplamente utilizada para a criação de orçamentos personalizados e projeções financeiras detalhadas. Com o uso de fórmulas avançadas, gráficos dinâmicos e tabelas de dados, o Excel permite que empresas desenvolvam modelos financeiros sob medida para suas necessidades específicas.
    - A flexibilidade do Excel torna-o ideal para empresas que desejam personalizar seu controle financeiro e criar projeções mais complexas, integrando diferentes fontes de dados. Além disso, seu uso difundido e a integração com outros softwares garantem que o Excel permaneça uma ferramenta essencial em muitas operações financeiras.

Essas ferramentas, quando integradas a uma gestão financeira bem estruturada, fornecem maior visibilidade sobre a saúde financeira da empresa e ajudam os gestores a tomar decisões mais ágeis e fundamentadas. A escolha da ferramenta certa depende das necessidades específicas da empresa, do seu porte e do nível de complexidade das operações financeiras. Independentemente da escolha, o uso de soluções tecnológicas é indispensável para manter a competitividade e a eficiência na gestão das finanças empresariais.

6.6 Estudos de caso

A rede de salões Beleza Natural, especializada em cabelos cacheados, elaborou um plano financeiro robusto ao expandir suas operações. A empresa desenvolveu orçamentos detalhados para cada nova unidade, baseando suas projeções em dados demográficos e no comportamento do consumidor. Além disso, implementou um sistema rigoroso de gestão de fluxo de caixa, assegurando liquidez para reinvestir no negócio e na capacitação de sua equipe.

A empresa de aluguel de carros **Localiza** criou um plano financeiro detalhado para gerenciar sua vasta frota. A Localiza realiza previsões de vendas baseadas em tendências de viagem e ajusta suas operações conforme necessário.

A empresa também implementa rigorosa **previsão de fluxo de caixa**, garantindo financiamento adequado para suas operações e manutenção de veículos.

6.7 Considerações finais

A estruturação de um plano financeiro sólido é fundamental para assegurar a viabilidade e o crescimento sustentável de qualquer negócio. Uma gestão eficaz de orçamentos, previsões de vendas e fluxo de caixa não apenas prepara a empresa para enfrentar desafios financeiros, mas também proporciona as bases para decisões estratégicas. Ao adotar práticas financeiras robustas, a organização fortalece sua capacidade de responder às variações do mercado e de maximizar suas oportunidades de crescimento.

O uso de ferramentas de software especializadas complementa essa estrutura, automatizando processos, aumentando a precisão das análises financeiras e permitindo um controle mais ágil e eficiente das operações. Além disso, a aplicação de análises financeiras detalhadas e a utilização de estudos de caso ajudam a traduzir dados em ações concretas, proporcionando maior clareza e segurança nas decisões de negócios.

Em última análise, um planejamento financeiro bem executado vai além de garantir a saúde financeira no presente; ele posiciona a empresa para prosperar a longo prazo, permitindo uma gestão proativa, previsibilidade de resultados e a construção de uma base sólida para o futuro.

Capítulo 7: otimização de operações e logística

7

A otimização das operações e da logística é essencial para garantir a eficiência e a competitividade de uma empresa. Ela envolve a melhoria contínua dos processos internos, desde a produção até a entrega final ao cliente. Com operações otimizadas, é possível reduzir custos, melhorar a qualidade dos produtos e serviços e garantir a pontualidade nas entregas. **Slack, Chambers e Johnston (2009)** afirmam que uma gestão eficiente de operações é um diferencial competitivo vital para o sucesso organizacional.

7.1 Processos operacionais

Os **processos operacionais** são o conjunto de atividades que permitem o funcionamento contínuo da empresa, desde a produção de bens e serviços até a entrega ao cliente. Documentar e automatizar esses processos é essencial para garantir consistência, eficiência e qualidade.

Documentação e automação

A **documentação de processos** garante que todas as atividades da empresa sejam realizadas de forma padronizada e eficiente. Um **Procedimento Operacional Padrão (POP)**, por exemplo, descreve detalhadamente cada etapa de um processo, ajudando a reduzir erros e aumentar a clareza entre as equipes. A **automação** de tarefas rotineiras, como gestão de inventário e processamento de pedidos, aumenta a produtividade e reduz a margem de erro. Segundo **Hammer e Champy (2001)**, a reengenharia dos processos pode gerar melhorias significativas na eficiência operacional.

Monitoramento de desempenho

O monitoramento de indicadores de desempenho, como **tempo de ciclo**, **taxa de defeitos** e **produtividade**, é crucial para identificar oportunidades de melhoria contínua. Ferramentas como **ERP (Enterprise Resource Planning)** permitem um acompanhamento preciso das operações e facilitam a implementação de ajustes estratégicos.

7.2 Gestão de fornecedores

A gestão eficiente de fornecedores garante que a empresa tenha acesso a insumos de alta qualidade e em tempo hábil. Parcerias estratégicas com fornecedores confiáveis podem resultar em melhores condições comerciais, flexibilidade no fornecimento e inovações conjuntas.

Seleção e avaliação de fornecedores

A seleção criteriosa dos fornecedores deve considerar fatores como **qualidade**, **confiabilidade** e **preço**. É importante realizar uma **avaliação contínua** do desempenho dos fornecedores para garantir que eles continuem atendendo aos padrões de qualidade e prazos acordados. **Christopher (2016)** destaca a importância da colaboração com fornecedores para melhorar a eficiência e a sustentabilidade da cadeia de suprimentos.

Parcerias estratégicas

Parcerias de longo prazo com fornecedores estratégicos podem proporcionar vantagens competitivas, como melhores condições de pagamento e inovações conjuntas. Empresas que estabelecem relações de confiança com seus fornecedores têm maior flexibilidade para enfrentar crises ou variações de demanda, conforme observa **Porter (1985)** em sua análise sobre vantagens competitivas.

7.3 Ferramentas de gestão de operações e logística

Existem diversas ferramentas tecnológicas disponíveis para melhorar a eficiência das operações e da logística de uma empresa. As principais incluem **ERP, WMS (Warehouse Management System)** e **TMS (Transportation Management System)**.

ERP (Enterprise Resource Planning)

O **ERP** integra todas as áreas operacionais da empresa, desde finanças até a gestão da cadeia de suprimentos. Exemplos de ERPs amplamente utilizados incluem **SAP ERP**, uma solução abrangente para grandes empresas, e **Omie**, ideal para pequenas e médias empresas. **Davenport (1998)** destaca que o ERP proporciona uma visão holística das operações, facilitando a tomada de decisões estratégicas. **Davenport (1993)** ressalta que o uso de sistemas de ERP melhora a integração dos processos de negócios, resultando em ganhos de eficiência.

WMS (Warehouse Management System)

O **WMS** automatiza e otimiza a gestão de armazéns, melhorando a precisão e a eficiência nas operações de armazenamento. Ferramentas como **Manhattan Associates** e **Fishbowl Inventory** são amplamente utilizadas para reduzir o tempo de processamento de pedidos e garantir a entrega pontual.

TMS (Transportation Management System)

O **TMS** é usado para gerenciar e otimizar o transporte e a logística da empresa, ajudando a reduzir custos e melhorar a eficiência da entrega de produtos. Soluções como **MercuryGate** e **Transplace** permitem uma melhor gestão da cadeia de suprimentos e garantem que as entregas sejam feitas de maneira mais rápida e econômica.

7.4 Estudos de caso

A **Ambev** é um exemplo de otimização operacional em larga escala. A empresa utiliza tecnologias avançadas para automatizar e monitorar seus processos produtivos, o que garante altos padrões de qualidade e eficiência. Além disso, a Ambev mantém parcerias estratégicas com fornecedores de matérias-primas, como lúpulo e cevada, assegurando a continuidade de seu fornecimento.

O **Magazine Luiza** utiliza um sistema de **gestão de armazéns (WMS)** para automatizar a separação e o empacotamento de produtos, o que reduz o tempo de processamento de pedidos e melhora a precisão das entregas. A empresa também mantém parcerias colaborativas com fornecedores, o que permite o desenvolvimento contínuo de novos produtos e a melhoria dos processos logísticos.

7.5 Considerações finais

A otimização das operações e da logística é fundamental para a competitividade de qualquer empresa. Documentar, automatizar e monitorar processos, além de estabelecer parcerias estratégicas com fornecedores, são práticas que aumentam a eficiência e reduzem custos. O uso de ferramentas como ERP, WMS e TMS garante que as operações sejam integradas e possam ser ajustadas conforme necessário para enfrentar desafios do mercado.

Capítulo 8: gestão de riscos e análise de cenários

A **gestão de riscos** envolve a identificação, avaliação e mitigação dos riscos que podem impactar a empresa. Um bom plano de gestão de riscos aumenta a resiliência do negócio, prevenindo perdas financeiras, operacionais e de reputação. De acordo com **Knight (2015)**, "a capacidade de gerenciar riscos é uma das principais competências dos empreendedores bem-sucedidos".

8.1 Identificação de riscos

A identificação de riscos é o primeiro passo na gestão eficaz. Para isso, é fundamental listar todos os riscos potenciais que podem afetar o negócio, como riscos operacionais, financeiros, legais, tecnológicos e de mercado. Exemplos de riscos incluem:

- **Riscos operacionais**: interrupções no fornecimento de insumos, falhas de equipamentos.

- **Riscos financeiros**: flutuações nas taxas de câmbio, inadimplência de clientes.

- **Riscos legais**: mudanças regulatórias, novas exigências governamentais.

- **Riscos tecnológicos**: falhas nos sistemas de TI, ataques cibernéticos.

8.2 Avaliação de riscos

Após a identificação, cada risco deve ser avaliado quanto à sua **probabilidade** de ocorrência e ao **impacto** que pode causar na empresa. A utilização de uma **matriz de riscos** ajuda a priorizar aqueles com maior probabilidade de acontecer e impacto significativo. **Porter (1985)** sugere que empresas que monitoram continuamente seus riscos estão mais preparadas para evitar crises ou reduzi-las.

Matriz de riscos

A matriz de riscos é uma ferramenta visual que classifica os riscos com base em dois fatores principais:

- **Baixa, média ou alta probabilidade**: a chance de o risco ocorrer.

- **Baixo, médio ou alto impacto**: a severidade das consequências para o negócio.

Os riscos classificados como "alta probabilidade e alto impacto" devem ser tratados como prioridade máxima.

8.3 Mitigação de riscos

A mitigação de riscos envolve a criação de estratégias que minimizem ou eliminem os riscos identificados. Entre as principais medidas de mitigação estão:

- **Contratação de seguros**: para proteger contra perdas financeiras.

- **Controles internos**: auditorias regulares, políticas antifraude e de compliance.

- **Planos de contingência**: criação de soluções alternativas para garantir a continuidade do negócio em caso de crise.

Kotler (2017) observa que, em um ambiente incerto, empresas resilientes são aquelas que planejam antecipadamente para mitigar riscos.

8.4 Monitoramento e revisão

A gestão de riscos é um processo contínuo. O plano de gestão de riscos deve ser **monitorado** regularmente e **revisto** conforme necessário, especialmente quando houver mudanças no ambiente de negócios, regulamentações ou na própria operação da empresa. O acompanhamento periódico garante que o plano esteja sempre atualizado e relevante.

8.5 Análise de cenários

A análise de cenários é uma técnica que permite prever diferentes situações futuras que podem impactar a empresa e como ela pode se preparar para cada uma. Peter Schwartz (1996), um dos pioneiros na metodologia de cenários, destaca que "a análise de cenários ajuda as organizações a se prepararem para o inesperado, visualizando futuros alternativos".

Construção de cenários

A construção de cenários envolve criar diferentes hipóteses sobre o futuro com base em variáveis como:

- **Cenário otimista**: no qual todas as condições externas favorecem o negócio.

- **Cenário conservador**: onde as condições de mercado se mantêm estáveis.

- **Cenário pessimista**: no qual há uma crise econômica, política ou tecnológica que afeta o desempenho da empresa.

A criação desses cenários permite que os gestores planejem ações preventivas para cada situação, aumentando a capacidade de resposta da empresa a eventos imprevistos.

8.6 Estudos de caso

A **Natura** implementou um plano de gestão de riscos centrado na sustentabilidade e na responsabilidade social. A empresa identificou como riscos principais as mudanças regulatórias e as exigências ambientais crescentes. Para mitigar esses riscos, a Natura desenvolveu produtos ecologicamente corretos e investiu em programas de sustentabilidade, minimizando os impactos regulatórios.

A **99**, empresa de transporte por aplicativo, desenvolveu um robusto plano de gestão de riscos focado na adaptação às mudanças regulatórias e no uso de tecnologia para mitigar riscos operacionais. O monitoramento contínuo das regulamentações e o rápido ajuste às exigências legais permitiram que a empresa mantivesse sua competitividade.

8.7 Considerações finais

A gestão de riscos e a análise de cenários são essenciais para garantir a resiliência e a sustentabilidade de um negócio. Empresas que identificam e avaliam seus riscos de maneira eficaz e criam cenários alternativos estão mais bem preparadas para enfrentar crises e incertezas do mercado. Com um plano de mitigação sólido, é possível minimizar as perdas e maximizar as oportunidades.

Capítulo 9: indicadores de performance e controle de resultados

O uso de **indicadores de performance** é essencial para monitorar o progresso da empresa, identificar áreas de melhoria e tomar decisões estratégicas embasadas. Esses indicadores, conhecidos como **KPIs** (Key Performance Indicators), fornecem uma visão clara e objetiva sobre como o negócio está performando em relação aos seus objetivos.

9.1 Definição de KPIs

Os KPIs são métricas que medem o sucesso de uma empresa em atingir suas metas estratégicas. Eles devem ser específicos, mensuráveis, alcançáveis, relevantes e temporais **(SMART)**, o que facilita seu acompanhamento. Exemplos de KPIs incluem métricas financeiras, operacionais, de marketing e relacionadas a recursos humanos.

Exemplos de KPIs

- **Financeiros**: receita total, margem de lucro, retorno sobre o investimento (ROI).

- **Operacionais**: tempo de ciclo de produção, eficiência operacional, taxa de defeitos.

- **Marketing**: custo por aquisição de cliente (CAC), valor do tempo de vida do cliente (LTV), taxa de conversão.

- **Recursos humanos**: taxa de rotatividade de funcionários, satisfação dos colaboradores, tempo médio para preencher uma vaga.

- **Atendimento ao cliente**: nível de satisfação do cliente (NPS), tempo médio de resolução, taxa de retenção de clientes.

O acompanhamento contínuo desses KPIs ajuda a ajustar as operações e a identificar rapidamente áreas que precisam de ajustes.

9.2 Iteração e melhoria contínua

A **melhoria contínua** é um processo de aperfeiçoamento das operações e estratégias da empresa, assegurando que ela se adapte às mudanças do mercado e às novas necessidades dos clientes. O ciclo **PDCA (Plan, Do, Check, Act)** é amplamente utilizado para garantir essa melhoria:

- **Plan (Planejar)**: identificação de áreas de melhoria e definição de metas específicas.

- **Do (Executar)**: implementação das mudanças planejadas.

- **Check (Verificar)**: avaliação dos resultados das mudanças.

- **Act (Agir)**: ajuste das ações com base nos resultados, garantindo o aprimoramento contínuo.

Esse ciclo cíclico permite que a empresa ajuste constantemente suas operações para otimizar resultados.

9.3 Monitoramento de KPIs e ferramentas de gestão

Para monitorar os KPIs de maneira eficaz, é essencial utilizar ferramentas de análise de dados que automatizem o processo e garantam a precisão dos relatórios. Entre as principais ferramentas estão:

- **Google Analytics**: para monitorar métricas de websites e campanhas de marketing digital.

- **Tableau**: plataforma de visualização de dados que permite a criação de dashboards interativos.

- **Power BI**: ferramenta da Microsoft para análise de dados empresariais.

- **Zoho Analytics**: solução de análise avançada para monitorar KPIs e gerar relatórios detalhados.

Plano de monitoramento de KPIs

Um plano de monitoramento eficaz deve incluir:

- **Frequência**: definir a periodicidade com que os KPIs serão acompanhados (diariamente, semanalmente ou mensalmente).

- **Responsabilidades**: atribuir tarefas específicas para a coleta e análise dos dados.

- **Ferramentas**: implementar softwares que facilitem o acompanhamento dos KPIs.

- **Relatórios**: criar relatórios regulares para compartilhar os resultados com a equipe de gestão.

9.4 Estudos de caso

O **Magazine Luiza** é um exemplo de empresa que utiliza KPIs para monitorar o desempenho de suas operações. A empresa acompanha indicadores como vendas por metro quadrado, taxa de conversão de vendas online e eficiência logística. Através do ciclo PDCA, a empresa conseguiu reduzir significativamente o tempo de entrega de produtos, aumentando a satisfação dos clientes.

A **Natura** monitora KPIs como crescimento de receita, margem de lucro e impacto ambiental. A empresa também utiliza o PDCA para reduzir sua pegada de carbono e aumentar a eficiência energética. A implementação dessas melhorias contínuas resultou em maior satisfação e engajamento dos colaboradores.

9.5 Considerações finais

Os KPIs são fundamentais para avaliar o desempenho da empresa e garantir que os objetivos estratégicos sejam alcançados. Ao utilizar ferramentas adequadas de monitoramento e implementar o ciclo de melhoria contínua, as empresas podem se adaptar rapidamente às mudanças e otimizar seus processos para alcançar resultados cada vez melhores.

Capítulo 10: considerações finais e próximos passos

O desenvolvimento de um plano de negócios bem estruturado é apenas o começo da jornada empreendedora. Ele serve como um guia estratégico, alinhando os objetivos da empresa com as ações necessárias para alcançá-los. No entanto, o sucesso de um negócio depende da capacidade de adaptação, da execução eficaz e do monitoramento contínuo dos resultados.

10.1 Revisão contínua do plano de negócios

Um plano de negócios não deve ser estático. Ele precisa ser revisado e atualizado conforme o mercado evolui, novas oportunidades surgem e a empresa cresce. É fundamental que o empreendedor se mantenha atento às mudanças no ambiente externo e interno e faça ajustes no plano conforme necessário. Como apontado por **Drucker (2008)**, "a gestão eficaz envolve não apenas a execução, mas a contínua avaliação e reavaliação das estratégias implementadas."

Fatores para revisão

- **Mudanças no mercado**: nova concorrência, mudanças nas preferências dos consumidores ou avanços tecnológicos que impactem o setor.

- **Desempenho financeiro**: revisão de projeções financeiras com base nos resultados reais e no desempenho do fluxo de caixa.

- **Novas oportunidades**: surgimento de novas parcerias, mercados ou produtos que possam agregar valor ao negócio.

10.2 Execução e acompanhamento

Após a elaboração do plano de negócios, o foco deve ser na **execução estratégica**. A implementação eficaz depende de uma comunicação clara com todos os membros da equipe, atribuição de responsabilidades e estabelecimento de prazos para cada etapa do plano.

O acompanhamento constante dos indicadores de desempenho (KPIs) é crucial para garantir que a execução esteja alinhada com os objetivos traçados. Conforme discutido no **Capítulo 9**, o ciclo **PDCA** é uma ferramenta importante para garantir a melhoria contínua. Aplicá-lo durante a execução do plano de negócios permite o monitoramento das ações e ajustes necessários para otimizar os resultados, mantendo o plano sempre atualizado e adaptado às condições do mercado.

10.3 Próximos passos

Com o plano de negócios em execução e devidamente monitorado, a empresa pode se concentrar em novas iniciativas de **expansão**, **inovação** e **crescimento sustentável**. A análise de oportunidades em novos mercados e a busca por parcerias estratégicas tornam-se essenciais para manter o negócio competitivo e relevante a longo prazo.

Inovação contínua

A **inovação** é indispensável para a longevidade de uma empresa. Seja no desenvolvimento de novos produtos, melhorias em processos ou adoção de novos modelos de negócios, a busca constante por inovação é fundamental para atender às demandas em evolução dos clientes. Inovar é o motor da competitividade e do progresso econômico, sendo uma ferramenta chave para manter o crescimento.

Expansão e internacionalização

Para empresas que já alcançaram estabilidade no mercado local, a **expansão para novos mercados** representa uma estratégia de crescimento promissora. A entrada em mercados internacionais exige uma análise cuidadosa, adaptação de produtos e serviços às particularidades culturais e regulatórias, além de uma abordagem estratégica para garantir o sucesso.

10.4 Considerações finais

A elaboração e execução de um plano de negócios são etapas cruciais no desenvolvimento de uma empresa, mas o verdadeiro desafio reside na capacidade de adaptação e na **melhoria contínua**. Com o uso de ferramentas como o PDCA, a revisão periódica do plano e o acompanhamento dos indicadores de performance, a empresa estará preparada para enfrentar os desafios do mercado, inovar e garantir sua **sustentabilidade a longo prazo**.

Encerramento e reflexões: a jornada do empreendedorismo

Foto by Arley Prates

Ao longo deste e-book, percorremos as etapas mais importantes da **jornada empreendedora**, desde a concepção de uma ideia até a sua implementação estratégica e a gestão eficiente de **operações**, **finanças** e **riscos**. Cada capítulo ofereceu uma análise aprofundada de práticas essenciais para transformar uma visão em um **negócio sustentável** e **competitivo**, capacitando você a enfrentar os desafios do mercado com mais segurança.

A **jornada empreendedora** não é linear e está repleta de obstáculos, mas o **planejamento estratégico** bem estruturado é a chave para superá-los. No entanto, como vimos, o **plano de negócios** deve ser encarado como um documento **vivo**, que evolui à medida que o mercado se transforma. A capacidade de **adaptação**, a busca constante por **inovação** e a **gestão eficiente de recursos** são fatores determinantes para garantir não apenas a **sobrevivência**, mas o **crescimento sustentável** da sua empresa em um cenário de mudanças constantes.

A **análise de mercado**, o **monitoramento de indicadores de performance** e a **gestão de riscos** são elementos centrais que não podem ser negligenciados. Quando bem executados, eles proporcionam **insights valiosos** que orientam a **tomada de decisões estratégicas**, assegurando que seu negócio esteja preparado para se **antecipar** às **mudanças** e **aproveitar** novas **oportunidades**.

Ao concluir este e-book, esperamos que ele tenha servido como um **guia prático** e **inspirador**, fornecendo não só as ferramentas, mas também a motivação necessária para que você, **empreendedor** ou **gestor**, estruture seu negócio de forma **sólida** e **resiliente**. O verdadeiro sucesso não se encontra apenas na **execução eficiente**, mas na sua **habilidade de aprender**, **ajustar** e **evoluir continuamente**.

Lembre-se: o **empreendedorismo** não é um ponto de chegada, mas uma **jornada contínua de aprendizado e crescimento**. Que este material seja o ponto de partida para que você alcance **novos patamares** de sucesso e realize plenamente o potencial do seu empreendimento.

Referências Bibliográficas

- CHAFFEY, Dave; SMITH, P. R. **Digital marketing excellence: planning, optimizing and integrating online marketing**. London: Routledge, 2017.

- CHRISTOPHER, Martin. **Logistics and supply chain management**. 5. ed. New York: Pearson, 2016.

- COLLINS, Jim. **Feitas para durar: práticas bem-sucedidas de empresas visionárias**. 3. ed. São Paulo: Rocco, 2001.

- DAVENPORT, Thomas H. **Process innovation: reengineering work through information technology**. Cambridge: Harvard Business Press, 1993.

- DAVENPORT, Thomas H. **Putting the enterprise into the enterprise system**. Harvard Business Review, v. 76, n. 4, p. 121-131, 1998.

- DRUCKER, Peter F. **Inovação e espírito empreendedor: prática e princípios**. São Paulo: Cengage Learning, 2008.

- GITMAN, Lawrence J.; ZUTTER, Chad J. **Princípios de administração financeira**. 13. ed. São Paulo: Pearson, 2018.

- HAMMER, Michael; CHAMPY, James. **Reengineering the corporation: a manifesto for business revolution**. New York: HarperCollins, 2001.

- HISRICH, Robert D.; PETERS, Michael P.; SHEPHERD, Dean A. **Empreendedorismo**. 10. ed. Porto Alegre: Bookman, 2014.

- KAPLAN, Robert S.; NORTON, David P. **The balanced scorecard: translating strategy into action**. Boston: Harvard Business Press, 1996.

- KNIGHT, Frank H. **Risk, uncertainty and profit**. Mineola: Dover Publications, 2015.

- KOTLER, Philip. **Administração de marketing**. 15. ed. São Paulo: Pearson, 2017.

- KOTLER, Philip; KELLER, Kevin L. **Administração de marketing**. 14. ed. São Paulo: Pearson Prentice Hall, 2012.

- MINTZBERG, Henry. **O processo da estratégia**. 2. ed. Porto Alegre: Bookman, 2003.

- OSTERWALDER, Alexander; PIGNEUR, Yves. **Business model generation: inovação em modelos de negócios**. São Paulo: Alta Books, 2010.

- PORTER, Michael E. **Estratégia competitiva: técnicas para análise de indústrias e da concorrência**. Rio de Janeiro: Elsevier, 1980.

- PORTER, Michael E. **Competitive advantage: creating and sustaining superior performance**. New York: Free Press, 1985.

- SCHUMPETER, Joseph A. **Teoria do desenvolvimento econômico**. São Paulo: Nova Cultural, 1997.

- SCHWARTZ, Peter. **The art of the long view: planning for the future in an uncertain world**. New York: Doubleday, 1996.

- SLACK, Nigel; CHAMBERS, Stuart; JOHNSTON, Robert. **Operations management**. 6. ed. Harlow: Pearson, 2009.

(*) Este e-book foi ilustrado pela **Freepik**: www.freepik.com

Breve biografia

Alexandre de Salles é um executivo com mais de **30 anos de experiência** em **administração, finanças e governança corporativa**. Formado em **Administração de Empresas** e especializado em **Governança Corporativa e Auditoria**, também é certificado no **Executive Program ESG**, refletindo seu compromisso com práticas sustentáveis.

Como **Founder** e **CEO** da **(AS) Consultoria e Desenvolvimento de Negócios**, Alexandre agrega mais de **25 anos em cargos de liderança**, incluindo passagens como **CFO** e **CRGO**, liderando estratégias financeiras e **relações institucionais**. Com vasta experiência **multisetorial**, ele se destaca em **planejamento estratégico, governança** e **iniciativas ESG**, sendo uma referência em gestão e transformação organizacional.

Consultoria e Desenvolvimento de Negócios

www.ingramcontent.com/pod-product-compliance
Lightning Source LLC
Chambersburg PA
CBHW041942240526
45473CB00033B/295